BEI GRIN MACHT SICH IHR
WISSEN BEZAHLT

Bibliografische Information der Deutschen Nationalbibliothek:

Die Deutsche Bibliothek verzeichnet diese Publikation in der Deutschen National-bibliografie; detaillierte bibliografische Daten sind im Internet über http://dnb.d-nb.de/ abrufbar.

Impressum:

Copyright © 2017 GRIN Verlag, Open Publishing GmbH
Druck und Bindung: Books on Demand GmbH, Norderstedt Germany
ISBN: 9783668565883

Dieses Buch bei GRIN:

http://www.grin.com/de/e-book/378819/das-ethische-dilemma-des-modernen-wissenschaftlers-in-die-physiker-von

Dominik Schönhofen

Das ethische Dilemma des modernen Wissenschaftlers in "Die Physiker" von Friedrich Dürrenmatt und "In der Sache J. Robert Oppenheimer" von Heinar Kipphardt

GRIN Verlag

Hilda Gymnasium Koblenz

Das ethische Dilemma des modernen Wissenschaftlers
im Spiegel der deutschen Dramenliteratur

„Die Physiker" von Friedrich Dürrenmatt und
„In der Sache J. Robert Oppenheimer" von Heinar Kipphardt

Verfasser: Dominik Schönhofen

Koblenz, den   19.05.2017

Gliederung

1 Einleitung:

Jeder kennt den berühmten Atompilz, der in seiner äußeren Erscheinung durchaus ästhetisch aussieht, jedoch gesamte Landstriche zu zerstören vermag. Doch wer steckt hinter dieser destruktiven Erfindung? Es sind die Wissenschaftler, die, während der zweite Weltkrieg tobte, diesen Mechanismus in Laboren ausklügelten. Auch sie sind letztendlich nur Menschen, die in einem ethischen Konflikt gefangen waren und in dem sie sich für eine Seite zu entscheiden hatten: Entweder sie halfen ihrem Land beim Gewinnen des Krieges oder sie entschieden für die Menschheit. Thema dieser Abhandlung ist die Untersuchung, inwieweit dieser Prozess in den Werken „Die Physiker" und „In der Sache J. Robert Oppenheimer" dargeboten wird. Als ethischer Exkurs soll unter anderem die Bewertung dieses Umstandes durch Carl Friedrich von Weizsäcker gemacht werden. Ein aktuelles vergleichbares Thema ist die Gentechnik, die eine ähnliche Problematik aufweist und uns alle in nicht allzu ferner Zukunft betreffen könnte.

2 Inhalt :

2.1 Die Physiker
Die 1961 erschienene, von Friedrich Dürrenmatt verfasste Tragikomödie handelt von den drei Physikern Newton, Einstein und Möbius, die in einer Nervenheilanstalt behandelt werden. Tatsächlich sind sie aber im Vollbesitz ihrer geistigen Fähigkeiten. Möbius hat weltverändernde Entdeckungen gemacht, die nicht in die falschen Hände fallen dürfen, und wird von Einstein und Newton, den eigentlichen Geheimagenten verschiedener Regierungen, observiert. Mathilde von Zahnd, die Leiterin der Anstalt, manipuliert diese, um selbst an die Erkenntnisse von Möbius zu geraten und diese für die Weltherrschaft zu benützen, womit der Versuch der Geheimhaltung des brisanten Wissens scheitert.

2.2 In der Sache J. Robert Oppenheimer
Das im Jahre 1964 uraufgeführte dokumentarische Schauspiel orientiert sich an Verhören aus dem Jahre 1954, in denen der Atomphysiker Oppenheimer vernommen wurde. Daran beteiligt waren Vertreter der Atomenergiekommission Robb und Rolander, Oppenheimers Anwälte Garrison und Marks und der Untersuchungsausschuss, bestehend aus Gray, Evans und Morgan. Der Wissenschaftler Oppenheimer stand unter dem Verdacht, Landesverrat aufgrund von möglicher kommunistischer Gesinnung und kommunistischen Verbindungen begangen zu haben. Fernerhin sollte ermittelt werden, ob er weiterhin in der amerikanischen Atomforschung arbeiten durfte, was ihm letztendlich verwehrt wurde.

3 Die Werke im Vergleich
In diesem Kapitel werden die inhaltlichen Aspekte der beiden Werke, sowie die Darstellungsweisen in Bezug auf die Problematik des sich im Zwiespalt befindenden Wissenschaftlers verglichen. Insbesondere wird dabei auf die Darbietungsweise in Form von Sprache und anderen genrebedingten Unterschieden eingegangen.

3.1 Thematiken in den Werken

3.1.1 Das Verhältnis zwischen Politik und Wissenschaft

Zwischen Staat, beziehungsweise Politik und Wissenschaft besteht ein gegenseitiges Abhängigkeitsverhältnis: Der Staat braucht die Forschung „Auch unser politisches System muss der Wissenschaft aus der Hand fressen"[1] um die Entwicklung von Waffen voranzutreiben. Die Wissenschaft wiederum profitiert von den Förderungen, die die Physik weiterentwickeln können. Wegen dieser finanziellen Zuwendung erscheint die Frage von Morgan durchaus begründet: „Ist einem Staat, der riesige Gelder für Forschungsarbeit hergibt, das Recht zu bestreiten, über die Ergebnisse dieser Forschungen frei zu verfügen?"[2]

In Dürrenmatts Stück wird der technische Rüstungswettlauf als Missbrauch der Wissenschaft charakterisiert: „Dann kommen die Techniker. Sie kümmern sich nur noch um die Formeln. Sie gehen mit der Elektrizität um wie der Zuhälter mit der Dirne. Sie nützen sie aus." (Phy 22). Die eigentlichen Geheimagenten Einstein und Newton versuchen, Möbius für sich zu gewinnen, wobei die eigene Meinung des Wissenschaftlers übergangen wird: „Sie sind ein Genie und als solches Allgemeingut. (…) Aber Sie haben die Wissenschaft nicht gepachtet."(Phy 68) Damit wird dem Wissenschaftler eine Pflicht gegenüber den Weltmächten aufgebunden: „Sie haben die Pflicht, die Türe auch uns aufzuschließen, den Nicht-Genialen"(Phy 68). Möbius erkennt, dass ihm, egal welche Seite er wählt, er in einer unfreien Situation enden wird: „Jeder preist mir einen andere Theorie an, doch die Realität, die man mir bietet, ist dieselbe: ein Gefängnis"(Phy 73). Es widerstrebt ihm, für weltpolitische Interessen instrumentalisiert zu werden: „Da ziehe ich mein Irrenhaus vor. Es gibt mir wenigstens die Sicherheit, von Politikern nicht ausgenützt zu werden."(Phy 73). Um ihre Ziele zu verwirklichen, gehen die Geheimagenten sogar über Leichen, indem sie die Krankenschwestern erwürgen.

Im Text sind einige Hinweise versteckt, dass es sich dabei um die ehemalige Sowjetunion und die Vereinigten Staaten von Amerika handelt. Der Bestechungsversuch von Newton „Kommen Sie mit mir (…), und Sie erhalten den Nobelpreis."(Phy 68) weist kapitalistische Züge auf, ebenso wie ein weiterer Anwerbungsversuch: „Einige der berühmtesten Physiker erwarten Sie. Besoldung und Unterkunft ideal, die Gegend mörderisch, aber die Klimaanlagen ausgezeichnet" (Phy 72). Bei der heißen Gegend, auf die Newton verweist handelt es sich um das damalige Atomforschungszentrum „Los Alamos" der USA, das sich in Mexiko befand. Im Umkehrschluss bedeutet dies, dass Einstein ein Sowjetagent ist, was sich ebenfalls belegen lässt, da die beiden Agenten um Möbius konkurrieren, ähnlich wie die damaligen Weltmächte, zur Zeit des kalten Krieges, in Konkurrenz standen. Einstein zeigt seinem Land gegenüber bedingungslose Loyalität und hat sich als Wissenschaftler unterworfen: „Mir ist bloß mein Generalstab heilig."(Phy 70) und „Meine Machtpolitik besteht gerade darin, daß ich zugunsten einer Partei auf meine Macht verzichtet habe."(Phy

---

[1] Friedrich Dürrenmatt: „Die Physiker", Diogenes, 1986, S. 70; unter der Siegle „Phy" im laufenden Text zitiert
[2] Heinar Kipphardt: „In der Sache J. Robert Oppenheimer", Suhrkamp Verlag, 1964, S. 93; unter der Siegle „Opp" im laufenden Text zitiert

73). Die Figuren Newton und Einstein, ihrerseits selbst namhafte Wissenschaftler, Alec Jasper Kilton und Joseph Eisler, muten durch ihre Tätigkeiten wie Söldner an. Sie gaben ihre Forschungsarbeit für den Geheimdienst und die Regierung auf. Dieses militärische Motiv wird durch die Morde an den Krankenschwestern „ Ihr wart wie Automaten und habt getötet wie Henker."(Phy 84) und den Waffenbesitz unterstrichen. Damit zeichnet sich das Verhältnis zwischen Wissenschaft und Politik klar ab: Die Wissenschaft wird zugunsten der Machtpolitik der Regierung ausgenutzt und der Wissenschaftsbetreibende selbst wird als Werkzeug angesehen, das gehorchen, beziehungsweise ideologisch konform sein muss und dabei Freiheiten einbüßt.

Auch Oppenheimer zeigt diese Merkmale, die er im Nachhinein stark bereut. Die Figur Oppenheimer durchläuft in ihrem Verhör eine Entwicklung; zunächst fühlt er sich nicht schuldig, „ [er] fühlte keine Schuld an [sich]" (Opp 143) und hat keine Bedenken möglicherweise das Falsche getan zu haben, was sich aber durch die Retrospektive ändert: „[seine Haltung begann sich] zu wandeln" (Opp145) Wie auch bei „ [den] Physikern" forderte die Regierung bedingungslose Loyalität von ihren Angestellten, was Oppenheimer aus der Sicht von Bethe „zu regierungsfromm" und „enthusiastisch"(Opp 117) erfüllt hatte und ihm den Namen „Vater der Atombombe" einbrachte. Er wurde den Anforderungen der Machthabenden als ein Konformist gerecht. Obwohl er sich sehr kooperativ bei der Entwicklung zeigte, wird deutlich, wie stark die Regierung Druck ausüben und bis in die Privatsphäre der Wissenschaftler eindringen kann. Dies geschieht, als erste moralische Bedenken bei dem Atomphysiker eintreten. Der Staat agiert dabei in einem „Freund-oder-Feind-Denken": Entweder fügt sich der Wissenschaftler und zeigt zufriedenstellende Ergebnisse, oder er wird als Geheimagent der gegnerischen Partei oder auch als Sicherheitsrisiko angesehen, was FBI-Ermittlungen hervorbrachten. Es besteht also eine grundsätzliche Gegnerschaft, wenn jemand nicht gehorcht, die metaphorisiert wird „Wenn wir erst einmal Blut geleckt haben – wir Bluthunde – er lacht – dann sind wir hartnäckig" (Opp 60) und die metaphorisch gesehen gewalttätige Züge annimmt. Für Robb rechtfertigt die „Sicherheit der freien Welt" ein grenzwertiges „[bis an die Grenzen der Privatsphäre gehen]"(Opp 22). Diese Offenlegung empfindet Oppenheimer als „widerwärtig, da ihm das Treffen mit seiner Verlobten als kommunistisch ausgelegt wird. Durch die Wandlung und die moralischen Skrupel beim Bau der Wasserstoffbombe wendet sich die Regierung gegen Oppenheimer, wobei das Motiv der unfreien Wissenschaft, wie auch bei den Physikern, zum Vorschein kommt: „Es geht um Sie als politisches Exempel. *Marks* Um Unterwerfung der Wissenschaft, Einschüchterung jedes Einzelnen". Die Ansicht und Kritik des Autors äußert sich in Oppenheimers real nicht stattgefundenem Abschlussplädoyer. Das primäre Erkenntnisziel der Wissenschaft wird in den Hintergrund gedrängt und die Forschungseinrichtungen werden wie „Kriegsobjekte bewacht". Ein Gedankenverrat des Befragten habe sich nicht am Land, sondern an der Wissenschaft selbst vollzogen, deren „Geist [verraten wurde], als [sie ihre] Forschungsarbeiten den Militärs überließen, ohne an die Folgen zu denken"(Opp 146). Oppenheimer appelliert an die Unmündigkeit des Physikers, der seiner Regierung keine „zu ungeprüfte Loyalität" zollen soll. In beiden Werken wird die Wissenschaft zum Zwecke von Machtpolitik und Vormachtstellung instrumentalisiert, wobei die Machtinstanzen sich Methoden bedienen, die ethisch umstritten sind. Das Auseinandersetzen mit der Thematik geschieht in den Werken aus jeweils verschiedenen „Richtungen". Dürrenmatt umreißt die Folgen, die die falsche Handhabung von Informationen annehmen können, indem er den dramaturgischen Trick der „schlimmstmögliche[n] Wendung" einsetzt, die zu jeder Geschichte gehören muss (vgl. Phy 91). Die Bewertung dieser Handhabung selbst ist schon von Anfang an als falsch festgelegt. Kipphardt hingegen beschäftigt sich mit ebenjener Bewertung, da die Folgen schon eingetreten sind und ein Rückblick stattfindet.

3.1.2 Die Machtgier in „Die Physiker"

Mathilde von Zahnd fördert eine machtfixierte Entfremdung der Wissenschaft mittels ihrer Manipulationskünste. Auch ihr Beruf als Ärztin wird entfremdet, indem sie ihren Heilauftrag hinten anstellt: „Ich war Ärztin und Möbius mein Patient. Ich konnte mit ihm tun, was ich wollte. Ich betäubte ihn, jahrelang, immer wieder, und photokopierte die Aufzeichnungen Salomos, bis ich auch die letzten Seiten besaß."(Phy 82). Ihre Skrupellosigkeit scheint kein Ende zu finden, als klar wird, dass sie „[die drei Krankenschwestern auf sie hetzte]"(Phy 84). Die Leiterin der Anstalt strebt selbst totale Macht an: „Ich aber übernehme seine Macht" (Phy 84) (gemeint ist Salomo) und „Nun werde ich mächtiger sein als meine Väter."(Phy 85) und „Mein Trust wird herrschen, die Länder, die Kontinente erobern, das Sonnensystem ausbeuten, nach dem Andromedanebel fahren." (Phy 85). Hier zeigt sie deutlich größenwahnsinnige Züge, da sie sogar bis ins All vordringen will.

3.2 Darstellungsweise

Ein betrachtenswerter Vergleichsaspekt ist der der Beziehung der internen Vorgänge zum öffentlichen Weltgeschehen. Oppenheimer wertet diese abschätzig ab, da es ihr an Weitsicht und Urteilsfähigkeit aufgrund von mangelhaften Informationen fehlte. Dadurch, dass im Werk keine öffentlichen Stellungnahmen mit einflossen, wird der Zuschauer dazu bewegt, sich seine eigene Meinung zu bilden. An dieser Stelle entfaltet das dokumentarische Theater mit seiner Nähe zum tatsächlich Geschehenen seine volle Wirkung. Bei den Physikern findet die komplette Handlung abseits des Weltgeschehens in einer Psychiatrie, in äußerster Abgelegenheit statt. Möbius wählte dieses Schicksal aus Verantwortung der Menschheit gegenüber, da die Öffentlichkeit der Bewältigung der Problematik nicht gewachsen ist.

3.2.1 Sprache und Gestaltungselemente

„In der Sache J. Robert Oppenheimer" behandelt ein Verhör, zu dem allgemein zwei Seiten gehören: die desjenigen, der verhört und Fragen stellt, und diejenige Befragten. In der Sprache des Stückes spiegelt sich diese Ambivalenz wieder. Der befragte Oppenheimer bedient sich einer unpersönlichen nüchternen Faktensprache, die oft technische Motive hervorbringt „Ich meine, daß man einen Menschen nicht auseinandernehmen kann, wie einen Zündsatz". Seine Antworten sind teils äußerst reduziert und einsilbig (vgl Opp 39). Das lässt ihn wie einen Automaten erscheinen. Auf Robbs Frage „Hätten Sie den Abwurf einer Wasserstoffbombe auf Hiroshima befürwortet?" antwortet Oppenheimer emotionslos, nur auf die nackten Zahlen bedacht: „Das Ziel war zu klein" (vgl. Opp 17). In seiner Abschlussrede stellt er seine Empfindung sogar mit der Technik gleich: „Ich bemühte mich, vollkommen offen zu sein, und das ist eine Technik, die man erlernen muss" (Opp 145). Diesem Aspekt der Sprache steht eine plastischere Befragung gegenüber, die das schon zuvor erwähnte „Freund-oder-Feind-Denken" der Regierung widerspiegelt, weil sie einen antithetisch-kontrastiven Charakter annimmt: „Meinen Sie nicht, Doktor, daß es auf viele

Wissenschaftler einen großen Eindruck gemacht hätte, wenn Sie den Ärmel aufgekrempelt hätten, um das Super-Programm in Ihre Hand zu nehmen?"(Opp 87) und „ Sie fanden die wissenschaftlichen Ideen zur Herstellung einer Wasserstoffbombe verführerisch und wundervoll, und Sie fanden das mögliche Ergebnis, die Wasserstoffbombe, abscheulich. Nicht wahr?" (Opp 88) Robb und Rolander versuchen Oppenheimer zu belasten, indem sie ihn unglaubwürdig erscheinen lassen: „*Robb* (zitiert) (…) >Wir sind der Ansicht, daß eine Wasserstoffbombe niemals hergestellt werden sollte.<(…) Was verstehen Sie unter niemals?" (Opp 91) und „*Oppenheimer* Es hat mich niemand gefragt. *Robb* Es hat Sie niemand gefragt." (Opp 39). Diese Fragestrategie mutet an einer Stelle besonders feindselig und spöttisch an: „Hat Dr. Oppenheimer damals die Ansicht vertreten, daß man Los Alamos am besten den Indianern zurückgeben soll?" (Opp 98). Diese Vorgehensweise resultiert aus mangelnden Beweisen gegen Oppenheimer, sodass die Anklage sich bemühen muss, ihn bloßzustellen. Dem entsprechend bedient sich Robb in seinem Abschlussplädoyer scharfer Worte, indem er von „offentsichtliche[m] Versagen" (Opp 135) spricht und tief in die „rhetorische Trickkiste" greift: „In diesem Widerspruch liegt seine Tragik, und es ist eine anhaltende Tragik, die ihn nicht befähigt (…) zu dienen, obwohl er es ehrlich wünscht." (Opp 135). Gleiches gilt für die Anapher „Sie zeigte sich" (Opp 133). Durch dieses Hin und Her im Verhör zeigt sich, wie der Befragte, ehemalig „regierungsfromm", zum Gegner gemacht wird, da er nicht hundertprozentig gehorchte.

Es tauchen blasphemische Motive auf, die die gewaltige Macht und Zerstörungskraft in den Händen der Menschheit, anklingen lassen: So wird von „Trinity" – also der Dreifaltigkeit – und von Oppenheimer als Gott gesprochen (vgl. Opp S. 64). Dadurch entsteht ein superlativischer Eindruck von einem vermessenen Umgang mit den Kernkräften. Wiederholt wird das Codewort „Super" für die Wasserstoffbombe verwendet, was man „als durchaus dokumentarisch betrachten kann, da die im Stück aufzufindenden Beispiele durchaus zum Inventar eines um Geheimhaltung bemühten Codes von Forschern, Politikern und Militärs gehörten."[3] Es kommt zu einer Verzerrung der Maßstäbe in Bezug auf die Atomwaffen, durch die „häufige Verwendung verniedlichender Euphemismen"[4], wenn beispielsweise von dem „Patenspielzeug" (Opp 11), „Baby" und „Kind" gesprochen wird (vgl. Opp S.11). Diese Sprachbilder nehmen Bezug zu Oppenheimers „Titel": „der Vater der Atombombe". An dieser Stelle zeigen sich Widersprüche in der Figur Oppenheimer, der gleichzeitig Faszination und Reue gegenüber dem Bau seines „Kindes" verspürt. Auf Seite 94 divergieren seine Faszination und seine Reue, als er zwei Hindusprüche zitiert. An anderer Stelle zeigen sich beschönigende, utopische Zukunftsvorstellungen, dem einzig eine unvorbereitete Welt im Wege steht; erkennbar in dieser von Robb geäußerten Aufzählung: „Sie denken an Goldenes Zeitalter, Schlaraffenland und diese Geschichten?" (Opp 14). Entgegen seiner bisher verwendeten technisch-faktischen Sprache steigert sich Oppenheimer in seinem Schlussplädoyer rhetorisch mit zum Teil anaphorischen Schlussfolgerungen im Hinblick auf die Verantwortung der Wissenschaftler: „Dabei scheint die Hoffnung gering" (Opp 146); sowie mit Periphrasen - „klein gewordener Stern" für die Erde (Opp 146) - und antithetischen Formulierungen „wir [hatten] niemals so viel Bedeutung

---

[3] Fasse, Ferdinand: „Heinar Kipphardt, In der Sache J. Robert Oppenheimer", Oldenburg Verlag, 1988, München, S. 62

[4] 4 Fasse, Ferdinand: „Heinar Kipphardt, In der Sache J. Robert Oppenheimer", Oldenburg Verlag, 1988, München, S. 62

und [waren] niemals so ohnmächtig."(Opp 146). Damit verleiht er seiner Botschaft zusätzliche Eindringlichkeit und stärkt deren Authentizität. In deutlichen Worten problematisiert er, was mit Gedankenverrat und Loyalitätsverlust im Spannungsfeld zwischen Regierungsvertretern und Wissenschaftlern aus seiner Sicht gemeint ist. Rückblickend hinterfragt er die unkritische Einstellung der Physiker den Regierungen gegenüber und bekräftigt seinen endgültigen Ausstieg aus der für militärische Zwecke ausgerichteten Atomforschung in der metaphorischen Feststellung „Wir haben die Arbeit des Teufels getan" (Opp 147).

In seinen Theaterschriften äußert Dürrenmatt sich zum Sprachgebrauch in Theaterstücken:

> „So wie sich ein Organismus abschließt, indem er eine Haut bildet, ein Äußerstes, schließt sich ein Theaterstück durch die Sprache ab. Der Theaterschriftsteller gibt nur sie. Die Sprache ist sein Resultat. Darum kann man auch nicht an der Sprache an sich arbeiten, sondern nur an dem, was Sprache macht, am Gedanken, an der Handlung etwa; an der Sprache an sich, am Stil an sich arbeiten nur Dilettanten."[5]

Durch diese Marginalisierung der Sprache rücken andere Stilmittel in den Vordergrund: Parodie und Groteske, wobei die Groteske als Steigerung der Parodie angesehen werden kann, zählen zu den wesentlichen Gestaltungselementen. Die Figuren selbst werden extrem überspitzt und parodistisch dargestellt, womit jede Figur zu einer Allegorisierung von Menschengruppen und Weltsichten wird, so auch die Insassen der Anstalt, unter denen sich „die ganze geistig verwirrte Elite des halben Abendlandes" (Phy 12) befindet. Dürrenmatt verwendet die Parodie, um „fragwürdige Ordnungs- und Wertvorstellungen" herauszuarbeiten. Der König Salomo, den Möbius vorgibt zu sehen und den die Ärztin wirklich zu sehen glaubt, stellt eine dieser „fragwürdigen Ordnungsvorstellungen" dar. Er steht sinnbildlich für eine überkommene Herrschaftsform: Die Weisheit und Wahrheit, die in alten Zeiten regierungsformend war, ist nun zerfallen: „ – nackt und stinkend kauert er in meinem Zimmer als der arme König der Wahrheit" (Phy 40). Das Herrschen nach Grundsätzen hat ausgedient und das Paradoxe dabei ist, dass eben jene Maximen wie Weisheit und Gerechtigkeit eine Katastrophe nicht abwenden können: „Nun sind die Städte tot, über die ich regierte, mein Reich leer" (Phy 86). Das Paradoxon ist ein weiterer literarischer Kniff, mit dem der Autor die Wirklichkeit ausdrücken möchte (vgl. Phy 93). Auch hierzu lassen sich geeignete Veranschaulichungen finden: Es tauchen vor allem bei den Figuren logische Widersprüche auf, so gibt es zum Beispiel eine Ärztin, die ihren Patienten ausnutzt und ihren Heilauftrag missbraucht, oder Ausrufe „Verrückt, aber weise" und „Gefangen, aber frei" (Phy 79). Letztendlich werden Parodie und Paradoxie in die Groteske gesteigert, die „eine der großen Möglichkeiten [ist], genau zu sein. Es kann nicht geleugnet werden, daß diese Kunst die Grausamkeit der Objektivität besitzt" (Ths 137). Diese Komponente der übersteigerten Situationskomik zeigt sich bei der Begegnung zwischen Möbius und seiner Familie im ersten Akt der Tragikomödie: sowohl der Möbius zugedachte von Ehefrau Rose gebrauchte verniedlichende Kosenamen „Johann Wilhelmlein" (vgl. Phy 38), als auch das Szenario des Flötenspiels der Buben, das zusätzlich von Frau Rose mit den Worten: „Inniger, Buben, inniger" kommentiert wird, soll eine bürgerlich geprägte Familienidylle vortäuschen von der er bisher nur durch Fräulein von

---

[5] Hrsg: Brock-Sulzer, Elisabeth, Verf: Dürrenmatt, Friedrich: „Theaterschriften und Reden", Verlag der Arche 1966, Zürich, S. 188, unter der Siegle „Ths" im folgenden Text zitiert

Zahnd erfahren hat (Phy 39). Dies spiegelt Dürrenmatts Vorstellung von einer sich als unüberschaubar zwiespältig präsentierenden Wirklichkeit der 1950er Jahre wider und steht im Einklang mit dem Aspekt der Synthese von komischen wie tragischen Komponenten, die in der literarischen Gattung der Tragikomödie Usus sind. Diese Familienidylle wird außerdem noch durch den Kommentar des Missionars Rose bezüglich des imaginären Zuhörers Salomo (vgl Phy 40) satirisch gesteigert. Hier werden biblische und situativ alltägliche Aspekte miteinander verknüpft, sodass eine zwiespältige Art von Desillusionierung erzeugt wird. An einigen Stellen treten sprachliche Umbrüche auf, die von einer Situationskomik in eine beklemmende Atmosphäre münden, wie die elliptisch verpackten Metaphern im Monolog des Möbius „Zu den Wüsten des Monds (…)Lautlos verreckten manche schon da(…)" (Phy 41). Möbius zeichnet ein apokalyptisches Bild vom Psalm Salomos, indem das gesamte Leben des Kosmos durch die alles menschliche Leben zerstörende Radioaktivität der Vernichtung ausgeliefert ist: Umgangssprachliche Wendungen, wie „Verreckten" und "Hauten ab" (Phy 41) vermischen sich an dieser Stelle mit ausdrucksstarken Adverbien und Partizipien „pfeilschnell rotierender Methanbrei" (Phy 41). Die personifizierten Planeten „Fraß uns die Sonne" tragen in ihrer Austauschbarkeit „Hatten wir doch längst die Sonne mit Sirius verwechselt"(Phy 41) zur apokalyptischen Zerstörung bei, in der letztlich alles menschliche Leben keinen Bestand mehr hat. Diese apokalyptische Vision von Möbius wirkt im situativen Kontext seiner ehemaligen Familie umso grotesker, deutlich erkennbar an der verständnislosen Reaktion von Frau und Kindern und der Bewertung dieser „Entgleisung" als „leichter Anfall" (Phy 42), die diesen eruptiven Ausbruch verharmlost. Das Motiv der Caritas, vorher durch die Familie personifiziert, überträgt sich nun auf die Schwester Monika und sich durch Möbius wiederum grotesk in die Ermordung (Phy 53), unmittelbar gefolgt vom darauf einsetzenden Geigenspiel Einsteins (vgl. Phy 53) gefolgt wird. Wieder wendet Dürrenmatt die Desillusionierung an, um dem Zuschauer Widersprüchlichkeiten geradezu „plastisch" vorzuführen, um ihn dadurch zum Nachdenken anzuregen. Er verwendet diese Stilkniffe also, um den Zuschauer zu verwirren und zur Reflexion anzuregen. Bei dem dritten Mord an der Krankenschwester tritt dieses Motiv auf, da dieser eine Steigerung zu den beiden vorhergegangenen Morden darstellt. Mit diesem Mord endet der erste Akt und der Zuschauer wird unaufgeklärt, über den Grund des Mordes in die Pause entlassen, sodass er zum Diskurs mit anderen angeregt wird.

3.2.2 Dokumentarisches Theater versus Tragikomödie

In beiden Werken wird die Wissenschaft zum Zwecke von Machtpolitik und Vormachtstellung instrumentalisiert. Die Machtinstanzen bedienen sich in den Werken an Methoden, die moralisch fragwürdig sind. In den Physikern soll der Leser, beziehungsweise Zuschauer, in eine bestimmte Betrachtungsweise mobilisiert werden. Anders verhält es sich beim Dokumentartheater, das nur die Fakten präsentiert, ohne selbst eine Tendenz zur Wertung zu formulieren. Dieser Prozess fällt bei Kipphardts Werk, durch die sich gegenüberstehenden Positionen und den Einsatz von Zeugen aller Parteien, äußerst differenziert aus. In dem dokumentarischen Theaterstück zeigt die Hauptfigur Widersprüche auf, um die diffizile Situation, bestehend aus einem Interessens- und Gewissenskonflikt in Bezug auf Staat, Kriegsführung und Verantwortung der Menschheit gegenüber, zu umreißen. An dieser Stelle entfaltet das dokumentarische Theater mit seiner Nähe zum tatsächlich Geschehenen seine volle Wirkung. Wesentliche Merkmale des dokumentarischen Theaters sind die Nähe zur Realität und das Weglassen unwichtiger oder ablenkender Nebensächlichkeiten. In diesem Falle geschah eine Reduktion des 3000 Seiten

- 8 -

umfassenden Verhörs, um es für eine Aufführung brauchbar zu machen. Hierbei ersetzt er „Worttreue durch Sinntreue". Laut Peter Weiß ist das dokumentarische Theater ein Theater der Berichterstattung, das authentisches historisches Material übernimmt und dies im Inhalt unverändert, in der Form überarbeitet, und auf der Bühne wiedergibt und dessen Stärke darin liegt, aus Fragmenten der Wirklichkeit ein verwendbares Muster herzustellen. Es nimmt zwar die Stellung des Beobachtenden und Analysierenden, im Gegensatz zum Wertenden bei Dürrenmatt ein, ist aber durch die kritische Faktenauswahl des sozialen oder politischen Themas gewissermaßen parteilich [6]. Die Ausführungen von Weiß sind insofern auf Kipphardts Ansatz übertragbar, als dass Kipphardt sich in den Nachbemerkungen seines Werkes darauf beruft, „ein abgekürztes Bild des Verfahrens zu liefern, das szenisch darstellbar ist und die Wahrheit nicht beschädigt." (Opp 149) Mit seinem Bezug zum 1954 veröffentlichten umfassenden Protokoll des Untersuchungsverfahrens wird er mit einigen Ausnahmen insgesamt diesem Anspruch gerecht.

Dadurch, dass im Werk keine öffentlichen Stellungnahmen miteinfließen, wird der Zuschauer dazu bewegt, sich seine eigene Meinung zu bilden. „Das Theater übernimmt die Funktion der Gerichtsverhandlung. (…) Der Zuschauer wird aufgefordert, Stellung zu beziehen, aufgrund der zur Darstellung gebrachten Fakten seine eigene Meinung zu bilden und gleichsam an der Urteilsbildung aktiv mitzuwirken." Dadurch, dass sich die Teilnehmer des Verhörs zahlenmäßig aufwiegen, entsteht eine Neutralität, die in Verbindung mit den „zur Darstellung gebrachten Fakten" dem Zuschauer die Möglichkeit gibt, kritisch zu hinterfragen. Es wird dem Zuschauer erschwert, ein eindeutiges Urteil zu fällen, indem Widersprüche gerade nicht aufgehoben werden[7], wie Oppenheimers Sympathie zum Kommunismus verdeutlicht. „Die Oppenheimer-Gestalt, die Kipphardt in seinem Stück entstehen läßt, ist eine letztlich integre, aber in vielerlei Hinsicht doch zwielichtige, teilweise gespalten, zumindest widerspruchsvolle Figur" Das bedeutet, dass Kipphardt ein Stück weit von den Fakten abgewichen ist, da „Kipphardts Oppenheimer positiver gezeichnet ist"[8], um die Wirkung des Dokumentartheaters zu entfalten. Hätte er „seinen" Oppenheimer realitätsnah erschaffen, hätte der Zuschauer kein ausgewogenes Stück, in dem sich Pro- und Contra-argumente für Oppenheimer gegenüberstehen, vorgefunden, es hätte ein Ungleichgewicht in den Argumenten geherrscht. Das hätte im Widerspruch zur Wirkungsabsicht, der kritischen Meinungsbildung des Zuschauers, gestanden. Daraus folgt, dass es legitim war, dass Kipphardt von den Fakten abwich. Dazu sollte allerdings auch gesagt werden, dass es sich immer noch um ein Theaterstück handelt, also adäquat abgewandelt werden muss, um „als eigenständige Kunstform" zu gelten. Die Dialektik der sich gegenüberstehenden Be- und Entlastungen wird unter anderem durch die Personenkonstellation produziert: So gibt es zum einen den Freund Oppenheimers, Bethe, der Oppenheimer Loyalität einräumt, und Teller, der Oppenheimer kritisiert, unter anderem auch, weil zwischen ihnen eine Antipathie herrscht (vgl Opp 113). Um es genau zu umreißen, sind die Anwälte Robb und Rolander, sowie die Zeugen Teller, Pash und Griggs gegen Oppenheimer. Für ihn steht dieselbe Anzahl von Involvierten, bestehend aus seinen

[6] Karutz, Guido: „Typologie des Dramas", Schwann-Verlag, 1986, Düsseldorf, S.99
[7] Fasse, Ferdinand: „Heinar Kipphardt, In der Sache J. Robert Oppenheimer", Oldenburg Verlag, 1988, München, S. 59

[8] Fasse, Ferdinand: „Heinar Kipphardt, In der Sache J. Robert Oppenheimer", Oldenburg Verlag, 1988, München, S. 53

Anwälten Garrison und Marks und den Zeugen Lansdale, Rabi und Bethe. Diese Polarisierung soll den Zuschauer dann zu einem Urteil frei von Beeinflussungen bewegen. Dies gilt allerdings bis auf eine Ausnahme: Der Schlussmonolog von Oppenheimer hat in Wahrheit nie stattgefunden, da er darauf verzichtete, als ihm die Möglichkeit dazu gegeben wurde. Der Protagonist reflektiert seine gewandelte Haltung und dokumentiert die ausweglose Situation der Wissenschaftler angesichts der Parteilichkeit in Bezug auf politische Interessen. Die kritische Selbsteinschätzung in stilisierter Überhöhung „Wir haben die Arbeit des Teufels getan" (Opp 147) verändert das historische Material und stellt dessen Wertneutralität in Frage. Fernerhin erscheint der Protagonist im letzten Abschnitt „Wir können nicht besseres tun als die Welt an diesen wenigen Stellen offenzuhalten, die offenzuhalten sind" (Opp 147) als Sympathieträger, entsprechend der Autorintention, beim Zuschauer einen Lernprozess ins Rollen zu bringen, der auf kritisches Handeln abzielt und durchaus auf das 21. Jahrhundert übertragbar ist. Ganz anders geschieht es in der Komödie, die zahlreiche Stilelemente und Ausschmückungen, wie zum Beispiel die umfassende Regieanweisung, aufweist. Im Kontrast zur nüchternen Darstellungsweise von „In der Sache J. Robert Oppenheimer" fließt hier die Meinung des Autors mit ein, indem er seine Figuren für sich sprechen lässt. „Das Groteske, das zugleich auf die Spitze getriebene Lächerliche und Schreckliche (…) entspricht der Darstellung der paradoxen Situation, in der die Menschen zur Zeit des kalten Krieges mit ihren Ängsten zu überleben gezwungen sind."[9] Das Komische mischt sich mit dem Beängstigenden, wie der Mord von Möbius an der Schwester, der einerseits seine Lächerlichkeit in der Steigerung zu den anderen Morden beweist, andererseits durch diese umso schrecklicher erscheint. In der Komödie finden sich viele solcher Momente, in denen der Leser zunächst lachen muss, sich aber im nächsten Moment der Ernsthaftigkeit besinnt. Zur Illustration sollen hierbei die nach den Tötungen engagierten Pfleger dienen: das Komische, nämlich dass es sich dabei um preisgekrönte Boxer handelt, wird mit dem Tragischen, der Ähnlichkeit mit Gefängniswärtern, in Verbindung mit der Verbarrikadierung der Fenster, vermischt. Durch den Einsatz der Groteske regt die Tragikomödie den Leser zum Nachdenken an, da die Groteske „die Grausamkeit der Objektivität besitzt"[10] und „[fähig ist] Zeitfragen, mehr noch, die Gegenwart aufzunehmen."(Ths 136).

3.2.3 Der ethische Konflikt des Wissenschaftlers

Die maßgeblichen Instanzen, die in den ethischen Konflikt des Wissenschaftlers involviert sind, sind sein Land, dem er Loyalität schulden muss, die Menschheit, der gegenüber er eine große Verantwortung trägt und sein eigenes Gewissen, mit dem er seine Handlungen in Einklang bringen muss. Inwiefern diese Instanzen zusammenhängen, und wie diese die Figuren zu ihren Entscheidungen bewegen, soll in diesem Kapitel umrissen werden.

Durch die ungeheure Zerstörungskraft von Kernwaffen lassen sich problemlos mit einer Handvoll dieser ganze Nationen auslöschen. Wenn nun zwei Nationen, wie es im Kalten

---

[9] Hrsg. Von Günther Stocker und Michael Rohrwasser: „Spannungsfelder Zur deutschsprachigen Literatur im Kalten Krieg (1945 – 1968)", Arco Wissenschaft, 2014
[10] Hrsg: Brock-Sulzer, Elisabeth, Verf: Dürrenmatt, Friedrich: „Theaterschriften und Reden", Verlag der Arche 1966, Zürich, S. 137, unter der Siegle „Ths"

Krieg die USA und die Sowjetunion waren, ein gegenseitiges Wettrüsten provozieren, ist die Menschheit imstande, sich selbst auszulöschen. Das hat zunächst der Wissenschaftler durch seine Arbeit ermöglicht. In der Lektüre von Kipphardt ergeben sich verschiedene Einstellungen: eine Betrachtungsweise ist, dass man die Ansicht vertritt, dass die Arbeit an den Atomwaffen an sich moralisch vertretbar ist, deren Abwurf aber nicht: „Wir haben sie gebaut, um zu verhindern, daß sie abgeworfen wird." (Opp 15). Damit überträgt man die Verantwortung auf die Politik, die die Entscheidung zu fällen hat. Man nimmt aber damit in Kauf, dass ein Abwurf durchaus möglich sein könnte. Diese Ansicht vertritt Oppenheimer noch zu Anfang, denn wäre er gegen den Bau gewesen, hätte er sich ihm nicht angeschlossen. Dass er Argumente, die gegen den Bau sprachen zwar gab, diese aber nicht verfocht (vgl. Opp 13) oder bestärkte, beweist seine Billigung: „Wir machten als Fachleute die Arbeit, die man von uns verlangte. Aber wir entschieden damit nicht, die Bombe tatsächlich zu werfen." (Opp. 13) „Wir wurden nicht gefragt *ob*, sondern ausschließlich *wie* sie verwendet werden sollte, um die beste Wirkung zu erzielen"(Opp 15). Edward Teller, ebenfalls Wissenschaftler, der wie eben schon erwähnte, vertritt eine ähnliche Ansicht. Er hat moralische Skrupel nicht als sein Problem angesehen (vgl. Opp 107), wobei er sich verteidigt: „Ich meine, daß Entdeckungen weder gut noch böse sind, weder moralisch noch unmoralisch, sondern nur tatsächlich. Man kann sie gebrauchen oder mißbrauchen. Den Verbrennungsmotor wie die Atomenergie." (Opp 108). Das bedeutet, dass die Responsibilität nicht beim Wissenschaftler alleine liegt, sondern, dass die Errungenschaften von jeder involvierten Partei verantwortungsvoll gehandhabt werden sollen. Hier lässt sich eine Parallele zu Dürrenmatts Werk ziehen, wo Newton ähnlich argumentiert: „Ob die Menschheit den Weg zu gehen versteht, den wir ihr bahnen, ist ihre Sache, nicht die unsrige"(Phy 70). Allerdings äußert sich der „Vater der Atombombe" retrospektiv in seinem Schlusswort voller Reue: Wir haben die besten Jahre unseres Lebens damit verbracht, immer perfektere Zerstörungsmittel zu finden, wir haben die Arbeit der Militärs getan, und ich habe in den Eingeweiden das Gefühl, daß dies falsch war."(Opp 146). Bethe äußerte Bedenken in Bezug zur Folgeträchtigkeit der Nuklearwaffenentwicklung schon früher im Verhör, indem er sagt, dass „die Welt nach einem Krieg mit Wasserstoffbomben, selbst wenn wir ihn gewinnen sollten, nicht mehr die Welt wäre, die wir erhalten wollten."(Opp 116). „Jeder Versuch eines Einzelnen, für sich zu lösen, was alle angeht, muß scheitern."(vgl Phy 93) scheint also eine logische Konsequenz aus dem oben genannten zu sein. Genauso trägt es sich in „[den] Physikern" zu: Möbius weiß um die Brisanz seiner Forschungen und wählt deren Geheimhaltung (vgl Phy 73). Doch gerade dadurch, dass er dies „für sich lösen" will, spielt es es ihn in die Hände der Anstaltsleiterin. Obschon Möbius verantwortungsvoll handelt, indem er das Risiko vom Untergang der Menschheit nicht eingeht, ist das der falsche Weg, weil „Was alle angeht, können nur alle lösen" (Phy 92). Der Zufall, der ihn in die Fänge von Zahnd treibt, bestraft ihn dafür: „Jeder Versuch eines Einzelnen, für sich zu lösen, was alle angeht, muß scheitern" (Phy 93). Wenn es keine Möglichkeit der Verheimlichung gibt, ist die ultima ratio die Konfrontation mit dem Problem, das alle lösen müssen. Der Physiker ist demnach nicht zu beanstanden, nur weil er sein Wissen geteilt hat. Selbst, wenn er es nicht täte, so wäre doch „jeder Denkprozeß (…) wiederholbar"[11]. Eine Analogie zum : „Was alle angeht, können auch nur alle lösen" findet sich bei „In der Sache J. Robert Oppenheimer" auf Seite 93. Dem Staat wird das Recht über die freie Verfügung der Erkenntnisse abgestritten, da „einige Ergebnisse geeignet sind, die menschliche Zivilisation zu zerstören".

---

[11] Buchrezension von Dürrenmatt aus der Züricher Zeitung „Die Weltwoche" vom 7.12.1956

Das Verhältnis zwischen Menschheit und Wissenschaft hat unter der Atombombe gelitten, da „zum ersten Male in der Geschichte der Menschheit der Glaube an den Nutzen des wissenschaftlichen und technischen Fortschritts nachhaltig erschüttert wurde."[12]

Zusammenfassend lässt sich sagen, dass sich das ethische Dilemma des Wissenschaftlers nur auflösen lässt, wenn ihm der Weg dafür von weltgemeinschaftlicher Sicht aus geebnet wird. Wenn er die Verantwortung alleine zu tragen hat, dann wird dies zu Nachwehen wie Hiroshima und Nagasaki führen. Laut der beiden Werke muss die gesamte Menschheit, in der Praxis vertreten durch die Politik, Teil der Problemlösung werden. Dies klingt auf den ersten Blick utopisch und nicht realisierbar, doch kam ein Atomwaffensperrvertrag bereits zustande und wurde von einem großen Teil aller Länder unterzeichnet, was der Machbarkeitsbeweis ist.

4 Wissenschaftsethik
Die Verantwortung der Wissenschaft ist nicht nur in der Atomfrage präsent, sondern beispielsweise auch in der Gentechnik. Je mehr Wissen und Verfahren der Mensch ansammelt, desto schwieriger ist es, genaue ethische Regeln festzulegen, innerhalb derer die Forschung sich bewegen darf. Zur Veranschaulichung sollen hierbei ein Beitrag aus dem historischen wie auch dem aktuellen Kontext dienen, in der diese ethischen Angelegenheiten behandelt werden.

4.1 Weizsäcker über die Verantwortung der Wissenschaft im Atomzeitalter
Ich habe diese Vorträge aus dem Jahre 1957 von Carl Friedrich von Weizsäcker herangezogen, um einen anderen zeitgemäßen Bewertungsmaßstab zur Thematik zu schaffen, der in keiner direkten Verbindung zu den Werken steht. Trotzdem lassen sich einige Handlungsmomente dieser mit seinem Vortrag vergleichen. Carl Friedrich von Weizsäcker war Philosoph und Physiker und hat in der Nuklearphysik geforscht.

Mittels technischer Fortschritte findet sich der Mensch in einer Epoche wieder, in der er Maschinen und Werkzeuge verantwortungsvoll benutzen muss. Weizsäcker setzt als Grundlage dessen eine „Spannung von Plan und Mensch"[13] voraus, in der beide in direkter Kommunikation stehen müssen, da man sonst „den Menschen über dem Plan"(Cfw 9) oder die „Notwendigkeit des Planes" (Cfw 10) vergisst, und demnach nicht gewissenhaft handelt. Der Mensch „muß inmitten der Planung und Apparate lernen, Mensch zu bleiben" (Cfw 11) um eine „Reifezeit der Technik" zu erzeugen. Weizsäcker lässt hier bewusst die Politik außen vor, um eine allgemeine Basis zum Umgang mit technischen Errungenschaften zu

[12] Annika Vieten 1998, Kipphardt, Heinar - In der Sache J. Robert Oppenheimer, München, GRIN Verlag, http://www.grin.com/de/e-book/95490/kipphardt-heinar-in-der-sache-j-robert-oppenheimer; aufgerufen am 14.5.2017

[13] von Weizsäcker, C. F.: „Die Verantwortung der Wissenschaft im Atomzeitalter", Vandenhoeck & Ruprecht in Göttingen,1957, Göttingen, S. 9, unter der Siegle „Cfw" im laufenden Text zitiert

legen. Auch von der Atombombe war bisher keine Rede, da man dieses Prinzip immer anwenden soll, sobald der Mensch mit der Maschine in Kontakt tritt, egal, ob es sich dabei um eine Waffe oder ein Auto handelt, mit dem man schneller fährt, als man verantworten kann. Der Mensch soll einen kritischen Abstand zu seinen Erfindungen einnehmen, dessen „Reife in der Distanz zum Apparat, in der Fähigkeit zum ruhigen, überlegenen Verzicht auf gewisse technische Möglichkeiten" (Cfw 10) liegt. Er argumentiert ähnlich wie Möbius und Bethe, die an die Folgen denken, indem er akkurat auf die Überprüfung der Folgen menschlicher Erfindungen auf das menschliche Leben eine große Gewichtigkeit beimisst. Die Tatsache, dass Außenpolitik und Krieg sich nicht ändern werden, ist eine realistische Haltung, durch die er seiner weiteren Argumentation den Weg ebnet. Laut Weizsäcker kann man den Krieg nicht einfach absetzen, da diese „sichtbare Verdichtungen jener Konfliktstoffe" sind, „die in den irrationalen Tiefen des menschlichen Wesens ständig schwelen" (Cfw 42). Er behauptet, dass „die Menschen sie im Grunde wollen" (Cfw 42). Dem steht jedoch der nationenübergreifende uralte Wunsch nach Frieden entgegen, der ebenfalls in der Natur des Menschen liegt und in den Weizsäcker seine Hoffnungen setzt.

Oppenheimer rechtfertigt den Bau von Kernwaffen, um eine Prävention gegen deren Benutzung zu erreichen (vgl Opp 15). Weizsäcker belegt, dass dieses Verhalten den Frieden nicht sichern kann:

> „Ist die große atomare Rüstung des Westens eine Garantie des Friedens und der Freiheit? (...)Sie ist es nicht. (...) Die großen Bomben erfüllen ihren Zweck, den Frieden und die Freiheit zu schützen, nur, wenn sie nie fallen. Sie erfüllen diesen Zweck auch nicht, wenn jedermann weiß, daß sie nie fallen werden. Eben deshalb besteht die Gefahr, daß sie eines Tages wirklich fallen werden. Sie erfüllen ihren Zweck nur, wenn sie nie fallen. (...) Mit den H-Bomben kann man (...) nur drohen, wenn man bereit ist, selbst sogleich mit dem Gegner zugrunde zu gehen." (Cfw 23)

Es ist demnach ein Widerspruch in sich, eine Art Schizophrenie, mit diesen Waffen den Frieden sichern zu wollen, weshalb Oppenheimer falsch gehandelt hat. Nach Weizsäcker bestehe die einzige Möglichkeit, dieses Dilemma zu lösen, in der Arbeitsverweigerung. In der Göttinger Erklärung von 1957 folgte er dieser, in Bezug auf die Tests und Entwicklungen von Kernwaffen, mit 17 anderen deutschen Wissenschaftlern. Wenn nun die Atomwaffen nicht dazu gebaut werden können, um als bloße Abschreckung zu dienen, müssen sie zwangsläufig abgefeuert werden, was die Möglichkeit eines „totalen Krieges" mit sich führe. Zufolge des Gedankens, dass es Kriege immer geben werde, entsteht der Ansatz, den „totalen Krieg zu vermeiden, indem man ein Ventil öffnet." (Cfw 41). Doch dieses Denken sei eine Verdrängung, die einem aus dem Fenster geworfenen Wecker gleichkomme, obschon alles auf das Aufwachen ankommt (vgl Cfw 30). Für ihn gebe es keine „Straße, auf der wir sicher in die Zukunft wandern können", gemeint ist nicht nur jeglicher Kontakt mit Atomwaffen, sondern auch eine Abschaffung und Beseitigung der Waffen, auf die sich die Mächte einigen können, einen „Teil einer vereinbarten konstruktiven Friedensordnung". Diese Friedensordnung könne nur entstehen, wenn „eine Nation bewußt auf die Anwendung der großen Waffen verzichtet" (Cfw 49) und es damit anderen Nationen vereinfacht, eben jenen Verzicht zu tätigen. Nur so könne eine neue Ordnung entstehen.

Ähnliches geschieht bei Dürrenmatts Physikern auch. Hier kommen sich Newton und Einstein, eigentlich Konkurrenten um die globale Vormachtstellung ihrer Nationen, zu einem beiderseitigen, vernünftigen Einvernehmen. Beide *verzichten* auf ihren Erfolg außerhalb der Anstalt, nehmen die Schuld ihrer Morde auf sich und erkennen die

Undurchführbarkeit ihrer Aufträge. Sie schließen eine Art Bund oder Gemeinschaft, aus der eine Ordnung der Welt, wie bei Weizsäcker, hervorgehen soll, was das Fortbestehen der Menschheit sichern soll.

Tatsächlich nimmt Weizsäcker in einem Interview Stellung zu Dürrenmatts Stück. Er teilt dessen Meinung, dass „es nicht die Lösung des Problems der Wissenschaft sein [kann], dass man Wissenschaft verheimlicht"[14], sondern dass der Physiker sich seiner Verantwortung stellen müsse.

4.2 Aktueller Bezug - Gentechnik

Es fällt nicht leicht, für das Thema Gentechnik einen vergleichbaren Lösungsansatz zu finden, so wie in der Atomfrage, da es sich hier nicht um Kriege und politisch-wirtschaftliche Interessen handelt, und da auch positive Folgen haben kann, wie der Bericht der WELT-Zeitung[15] zeigt. Und doch ist es für den Großteil der Menschen relevant. Mit der entwickelten Methode Crispr/Cas9, auch bekannt als „Genome Editing", lassen sich einzelne Segmente des DNA-Stranges heraustrennen, um sie durch einen bereitgestellten neuen Strang zu ersetzen. Damit könnten nicht nur schädlingsresistente Nutzpflanzen hergestellt werden, sondern auch Krankheiten eingedämmt werden. Doch sollte das Verfahren auch an Menschen angewandt werden dürfen? Als es 1990 um die Frage von Eingriffen vor der Geburt ging, „war die Entscheidung für eine strikte Regelung vergleichsweise einfach. Bereits die Tatsache, dass mögliche Kollateralschäden der Eingriffe in das menschliche Erbgut seinerzeit nicht absehbar und beherrschbar waren, konnte als Argument dafür reichen, dass ein solches Vorgehen ethisch nicht vertretbar ist."[16] Bei dem modernen Forschungsstand sind bisher keine Gefahren am Menschen bekannt. Es stellt sich hier vielmehr die Frage der Menschenwürde. Wenn in Zukunft nur noch „perfekte" Menschen die Erde bevölkern, dann kann das zu Diskriminierung gegen die „nicht-Perfekten" führen. Genauso unverantwortlich wäre es jedoch, nicht ins Erbgut einzugreifen, wenn dort Krankheiten vorhanden sind, an denen der Mensch sterben kann. Sollten alle Menschen perfekt sein, würde man die Chancen im Leben eines Menschen verschlechtern, wenn man ihn nicht auch anpassen würde. Das bedeutet, dass, wenn man jemals die Gentechnik in diesem Maße ausgeschöpft würde, käme sie bei jedem Menschen zur Anwendung. Diese „Massenbehandlung" erinnert an den Roman „Schöne neue Welt" von Aldous Huxley, in dem Embryonen bewusst manipuliert werden, um ihr späteres Leben zu determinieren und ihnen eine Akzeptanz ihrer Position im Kastensystem mit in die Wiege zu legen. Sollte die Crispr/ Cas9 Methode in Zukunft brauchbar gemacht werden, besteht die Eventualität einer Veränderung der gesamten zukünftigen Menschheit, da die manipulierten Gene weitervererbt werden.

Auch hier findet die Philosophie Weizsäckers fruchtbaren Boden: alle Nationen müssen im Namen der Menschheit eine gewissenhafte Entscheidung fällen, die eine neue Weltordnung evozieren muss. Demnach muss auch hier Verzicht geübt werden, was sich an einem Fallbeispiel umreißen lässt. Mit dem Genome-Editing könnten Menschen zu

---

[14] Hrsg: Schurf, Bernd und Wagener, Andrea: „Text, Themen und Strukturen", Cornelsen Verlag, 2009, Berlin, S. 64

[15] Lassau, Norbert: „Der optimierte Mensch", DIE WELT vom 3.4.2017

[16] Lassau, Norbert: „Der optimierte Mensch", DIE WELT vom 3.4.2017

Kampfmaschinen gezüchtet werden, denen Gewissen und Empathie abgelegt wurde, die physischen Bedingungen optimal zu erfüllen. Im schlimmsten Falle kann man ihnen die Vernunft und den freien Willen rauben, um sie gehörig zu machen.

An dieser Stelle lässt sich feststellen, dass, egal welche Entdeckung die Wissenschaft macht, es doch gewisser Grundsätze bedarf, nach denen sie handelt, wie zum Beispiel den Nürnberger Kodex von 1947, der den Umgang mit Menschen in der Medizin gilt und, dass jede Entdeckung Risiken mit sich führt, wenn sie missbraucht wird, sei es die Atombombe oder sonstiges.

Sollte die Legislative bei der Bewertung und der ethischen Korrektheit Schwierigkeiten haben, wird der Ethikrat herangezogen. In ihm befinden sich viele Experten aus verschiedenen Disziplinen, die über ethische Probleme debattieren. Etwas überspitzt könnte man sagen, dass dort die gesamten Wertvorstellungen und Wertmaßstäbe unserer Kultur zusammentreffen. Er ist sozusagen die „höchste ethische Instanz".

5 Fazit

5.1 Angemessenheit der Darstellung
In beiden Werken stehen jeweils zwei Aspekte im Fokus: das Verhältnis zwischen Politik und Wissenschaft und der ethische Konflikt des Wissenschaftlers. Hinter dem Verhältnis von Politik und Wissenschaft stehen in beiden Werken der Krieg und ein militärisches Motiv. Der Wissenschaftler wird entweder als „Freund" betrachtet, genau dann wenn er den Befehlen Folge leistet, oder als „Feind" gesehen, wenn er sich widersetzt. Im Verhör von Oppenheimer spiegelt sich diese Feindseligkeit vor allem in der Rhetorik der Verhörenden wider, die sich einen dreisten Einblick in Oppenheimers Leben verschaffen.

Doch letztendlich steht hinter dieser Kontroverse ein Kräftemessen, das sich zwischen zwei Staaten abspielt, die unpersönlich und abstrakt im Schatten ihre „Muskeln spielen lassen" und dabei die Fäden ziehen. Es zeigt sich eine gewisse Absurdität im Wettrüsten, da es nur auf Möglichkeiten basiert, ebenso wie im dauernden Streben nach Macht dieser übergroßen Mächte, das doch letztendlich wie eine gewaltige Blase ohne einen Knall platzt. Durch die Metapher des König Salomo wird ausgedrückt, dass diese Politik überkommen und veraltet ist, und die scheinbare Weisheit des politischen Kalküls im Inneren fault.

Hier greift die Ethik Weizsäckers, die besagt, dass man, um sich langfristig den Frieden zu bewahren, den Verzicht üben muss, der ein gewisses Risiko beinhaltet. Dieses Handeln wird den Erhalt der Menschheit in vergleichbaren Situationen garantieren. Laut dieses Philosophen haben die beiden Hauptakteure der Dramen falsch gehandelt, Möbius einerseits durch die Zurückhaltung des Wissens, und Oppenheimer andererseits durch die Beteiligung am Wettrüsten. Die Tragik darin liegt, dass sie nicht anders konnten, weil die äußeren Umstände sie dazu trieben: Denn wäre die Menschheit verantwortungsvoll genug, ginge keine Gefahr vom Wissen aus. Eine perfekte Lösung wird wahrscheinlich trotzdem Utopie bleiben, da die Weltgeschehnisse zu komplex sind, um sie derart herunterbrechen zu können. Den Ansatz, den die Werke bieten, halte ich allerdings für sehr interessant und bedenkenswert.

Die Werke bilden zusammen einen Kontrast, um dieselbe Problematik zu thematisieren. Dabei nimmt „In der Sache J. Robert Oppenheimer" einen ernsteren Charakter an, wohingegen „Die Physiker" eher humoristisch darstellen will. Es ist fraglich, ob „Die Physiker" mit seiner grotesken Darstellungsweise der Ernsthaftigkeit des Themas gerecht werden kann: Würde hinter dem Humor der Physiker keine Aussage stecken, sodass es sich als hohle Parodie entpuppte, hätte es dazu Beanstandungen gegeben. Es ist sinnvoll dabei in Bezug auf die Wirkungsabsicht zu argumentieren. Die in Dürrenmatts Stück enthaltene Kritik ist nur in eine Fassade von Komik gekleidet, während sich der Bedeutungsgehalt im Kern befindet. Darum kann man nicht behaupten, dass die Thematik nicht angemessen dargestellt wurde. Es ist lediglich eine andere Erscheinungsform der Stellungnahme, die meiner Meinung nach durchaus legitim ist. Das Ziel, dem Zuschauer Denkanstöße zu geben wurde erfüllt.

Bei Kipphardts Werk treten allerdings einige Unstimmigkeiten auf: Die Wirkungsabsicht war zwar in etwa dieselbe wie bei den Physikern, aber die Dramaturgie war eine andere: das dokumentarische Theater, das sich durch seine Faktennähe auszeichnet. Die Tatsache, dass es künstlerische Abänderungen der Realität, zum Beispiel bei Oppenheimers fiktivem Schlussmonolog gegeben hat, ist es meiner Ansicht nach strittig, ob ein „Schönheitsmakel" vorliegt. Dennoch wurde auch hier der Thematik und ihren ethischen Feinstimmigkeiten genug Aufmerksamkeit geschenkt. Man könnte sogar einwenden, dass diese feinen Manipulationen den Wert des Stückes sogar gesteigert haben, da dem obersten Gebot, dem Effekt auf den Zuschauer, Folge geleistet wurde. Laut Christiane Engelbrecht besteht darin „überhaupt die Existenzberechtigung dieses Stückes, die seinen bleibenden Wert manifestieren könnte – nämlich die innere seelische Wandlung des Physikers Oppenheimer [...]"[17]

5.2 Eigene Meinung

Ich bin der Auffassung, dass beide Werke im Vergleich einen sehr guten Einblick in die Materie des ethischen Dilemmas des modernen Wissenschaftlers verschaffen. Dessen Gewissensbisse und inneren Konflikte wurden sehr detailliert dargestellt. Ich denke allerdings, dass Dürrenmatts Schöpfung in ihren literarischen und inhaltlichen Gesichtspunkten Kipphardts Werk vorzuziehen ist. In ersterem wurde eine klarere Linie gefahren, die eine eindeutige Meinung transportiert, wohingegen in Kipphardts Arbeit das Potenzial der Ausweglosigkeit des Wissenschaftler in Bezug auf die polarisierenden Spannungen seiner Interessenskonflikte, nicht ganz ausgeschöpft wurde. Die Fatalität im Scheitern des Möbius ist das perfekte Abschreckungsmittel gegen die Ausblendung des Themas und durch sein Scheitern entsteht ein Lernprozess beim Zuschauer, welcher sich fragen kann, wie er selbst in dieser Konfliktsituation reagiert hätte. Als Kipphardt sich nicht an die Fakten hielt, was er eigentlich hätte tun müssen, hätte er dieses noch ein wenig ausschmücken können, sodass es nicht zu trocken wirkt, angesichts dessen, dass es bereits zu einer „Grenzüberschreitung" kam.

Dem ist noch hinzuzufügen, dass sich durch Dürrenmatts Werk leichter aktuelle Bezüge herstellen lassen, da es eher allgemein gefasst ist. „In der Sache J. Robert Oppenheimer" befasst sich dagegen konkret mit einem Vorfall.

---

[17] Recklinghäuser Zeitung vom 29.10.1964

Summa summarum sind in meinen Augen trotzdem beide Werke treffend in ihren Darstellungsweisen und situativen Kontexten und transportieren die Konflikte adäquat. Jedoch ist Dürrenmatts Werk dem von Kipphardt aus oben genannten Gründen vorzuziehen.

6 Anhang

6.1 Quellen

6.1.1

Primärliteratur

Dürrenmatt, Friedrich: „*Die Physiker*", Diogenes, 1986, Zürich

Kipphardt, Heinar: „*In der Sache J. Robert Oppenheimer*", Suhrkamp Verlag, Frankfurt am Main,1964

von Weizsäcker, C. F.: „*Die Verantwortung der Wissenschaft im Atomzeitalter*", Vandenhoeck & Ruprecht in Göttingen, Göttingen, 1957

Sekundärliteratur

Dürrenmatt, Friedrich: „*Theaterschriften und Reden*", Hrsg: Brock-Sulzer, Elisabeth, Verlag der Arche, Zürich, 1966

Fasse, Ferdinand: „*Heinar Kipphardt, In der Sache J. Robert Oppenheimer*", Oldenburg Verlag, München, 1988

Karutz, Guido: „*Typologie des Dramas*", Schwann-Verlag, Düsseldorf, 1986

Keller, Oskar: „*Friedrich Dürrenmatt, Die Physiker*", Oldenburg Verlag München, München, 1988

Knapp, Gerhard P.: „*Friedrich Dürrenmatt: Die Physiker*", Verlag Moritz Diesterweg, Frankfurt am Main, 1980

Koller, Erwin: „*Ich hatte die Vorstellung, auf irgendeine Weise Einwirkungsmöglichkeiten zu haben (1986)*" in „*Texte, Themen und Strukturen*", Hrsg: Schurf, Bernd und Wagener, Andrea, Cornelsen Verlag, Berlin, 2009

Spedicato, Eugenio: „*Ästhetik des Kalten Krieges bei Friederich Dürrenmatt*" in „*Spannungsfelder Zur deutschsprachigen Literatur im Kalten Krieg (1945 – 1968)*", Arco Wissenschaft, Hrsg. Von Stocker, Günther und Rohrwasser, Michael, Wuppertal, 2014

von Ingen, Ferdinand: „*Heinar Kipphardt: In der Sache J. Robert Oppenheimer*", Verlag Moritz Diesterweg, Frankfurt am Main, 1978

6.1.2 Zeitungsartikel

Lassau, Norbert: „Der optimierte Mensch", DIE WELT vom 3.4.2017

Recklinghäuser Zeitung vom 29.10.1964

6.1.3 Internetlinks

Annika Vieten 1998, Kipphardt, Heinar - In der Sache J. Robert Oppenheimer, München, GRIN Verlag, http://www.grin.com/de/e-book/95490/kipphardt-heinar-in-der-sache-j-robert-oppenheimer; aufgerufen am 14.5.2017